ALBERT CAUGERECX

ANDRÉ CHÉNIER

EPISODE DRAMATIQUE EN UN ACTE

EN VERS

BLOIS
IMPRIMERIE E. MOREAU ET Cⁱᵉ
14, RUE PIERRE-DE-BLOIS, 14

1890

ANDRÉ CHÉNIER

ÉPISODE DRAMATIQUE

ALBERT AUGEREAU

ANDRÉ CHÉNIER

ÉPISODE DRAMATIQUE EN UN ACTE
EN VERS

BLOIS
IMPRIMERIE E. MOREAU ET Cie
14, RUE PIERRE-DE-BLOIS, 14

1890

BLOIS

Mars - Avril 1890

AU CHER MONSIEUR

PHILIBERT DESSAIGNES

Ancien Député de Loir-et-Cher
Ami généreux des Lettres

pour son

Quatre-vingt-cinquième Anniversaire

JE DÉDIE

CE

PREMIER ESSAI DRAMATIQUE

Albert AUGEREAU
Professeur à l'Ecole N.-D.-des-Aydes

PERSONNAGES

Le Poète ANDRÉ CHÉNIER
Le Poète ANTOINE ROUCHER
Le Peintre HENRI SUVÉE
L'Acteur COLLOT D'HERBOIS, devenu Membre du Comité de Salut public
Le Geôlier BRUTUS
Un Greffier
Des Soldats — des Sans-Culotte

---

*La scène se passe le 7 Thermidor, an II de la République
(25 Juillet 1794)
dans un cachot de Saint-Lazare*

(Représenté pour la première fois, à l'Ecole Notre-Dame-des-Aydes, le 29 Mai 1890)

ANDRÉ CHÉNIER

Un cachot, une table, quelques bancs, demi-obscurité.

SCÈNE PREMIÈRE

CHÉNIER, *assis sur un banc, des manuscrits sur les genoux.* SUVÉE, *un pinceau à la main, une esquisse devant les yeux, sur un chevalet improvisé, etc...*

LE GEOLIER BRUTUS, *entre brusquement, une lanterne à la main, un trousseau de clefs au côté, l'air goguenard et important*

Citoyens, on vous croit à peu près sur parole ;
Pourtant je suis chargé de faire le contrôle,
Et je voudrais savoir ce qu'on fabrique là...

A Suvée

Qu'est ceci ?

SUVÉE, *souriant, montrant Chénier*

Le portrait... d'un homme que voilà !

LE GEOLIER, *regardant du portrait à Chénier*

Un portrait ?... Oui, ma foi ! c'est un peu sa figure !

A Chénier, en désignant les manuscrits

Mais ce tas de chiffons est de mauvais augure !

L'air soupçonneux

Tracerais-tu des plans pour t'enfuir, citoyen ?
Ou crois-tu qu'un discours attendrirait...

CHENIER, *l'interrompant*

                              Non, rien !
Ce sont des vers...

LE GEOLIER, *ricanant*

                Des vers ?... tu vis de fantaisie !
Bon Dieu ! le ciel est noir : en fait de poésie,
Cela doit t'inspirer assez légèrement !...
Crois-moi : bâcle plutôt un bout de testament !

SUVÉE, *malicieusement*

Vieux bavard, si demain tu nous arrives bègue,
Tout ce que j'ai dans ce... manoir, je te le lègue...
Mais sois muet d'abord — contrôle — et laisse-nous !

LE GEOLIER *s'éloigne, grommelant*

Et voilà ce que c'est de se montrer trop doux !
Ces aristos allaient me monter une scie !

SUVÉE, *riant*

Holà ! que grognes-tu sur l'aristocratie ?

LE GEOLIER, *ouvrant la porte*

C'est bon ! avant demain on vous fera le cou !

Il sort.

SCÈNE II

CHÉNIER — SUVÉE

SUVÉE

Pour un chien de prison, il est gai, ce vieux fou !

CHÉNIER

Il est sinistre.

SUVÉE, *avec aisance*

Allons, mon aimable poëte,

L'œuvre touche à sa fin... Penchez un peu la tête
Sur votre manuscrit... tout naturellement...
Très bien... si vous pouviez... tenez! c'était charmant
Tout à l'heure, parfait. Dans toute l'attitude
Il y avait du rêve et cette inquiétude
Du regard qui s'en va, flottant vers l'infini...

Avec émotion

Rêvez, mon doux rêveur... et puis, soyez béni,
Vous aurez consolé mes suprêmes journées...

CHÉNIER, *avec mélancolie*

Pour le même idéal nos âmes étaient nées,
Suvée. Il fera bon là-haut se souvenir
De ce que nous songions au seuil de l'avenir ;
Et comme tout cela : superbes symphonies
Des couleurs sur la toile, ardentes harmonies
Des strophes, comme un vol de cygnes dans les airs,
Planant, pour le chanter, plus haut que l'univers ;
Et comme tout cela dont la nature vibre,
Dont jouit, ressemblant mieux à Dieu, l'homme libre ;
Comme tout cet espoir enivré des vingt ans,
Comme tous ces amours d'extase palpitants,
Tandis qu'ils aspiraient l'azur, ouvrant leurs ailes,
Ont glissé dans le sang des haines fraternelles !

SUVÉE

Oh ! ne me parlez pas de ce que nous verrons,

Ni du voile de deuil qui menace nos fronts!
Moi, j'ai peur seulement d'une terrible chose...
Si je vous racontais!... c'est puéril... je n'ose!...

CHÉNIER

Pourquoi? redoutez-vous la pitié d'un ami?

SUVÉE, *se rapprochant de Chénier*

Cette nuit, sur ce banc, étiez-vous endormi?
M'avez-vous entendu pleurer comme une femme,
Gémir comme un enfant à qui Dieu reprend l'âme?

CHÉNIER

Je n'ai rien entendu qu'un grand bruit, ce matin,
Près de nous; puis ce fut comme un roulis lointain :
Sans doute, au point du jour, des victimes jetées
Pêle-mêle et que l'on traînait par charretées.

SUVÉE

Oh! sangloter ainsi!... vous comprendrez cela :
Lorsqu'un décret brutal de Fouquier me vola
Ma liberté, j'étais tout entier à l'ouvrage.
Nous, n'est-ce pas, poète ou peintre, que l'orage
Hurle à travers la nue ou que les chants d'avril
Tressaillent, nous savons nous créer un exil,
Un cher exil, rempli de songe et de pensée...
Et, sur mon chevalet — la toile commencée —
J'essayais avec l'or, l'azur, les lys du ciel,

D'évoquer la Madone, ainsi que Raphaël,
Au gré de son génie inimitable et tendre,
Savait du Paradis la faire redescendre....
Impuissant, je laissais retomber mon pinceau ;
Mais tout à coup ce fut un gazouillis d'oiseau
Sur le seuil, puis des pas, joyeux comme un bruit d'ailes.
Ah ! je les attendais, mes bien-aimés modèles :
Avec ma jeune femme, un ange de bonté,
Qui porte au front tous les joyaux de la beauté,
Mon enfant, chérubin d'amour à tête blonde.

Avec une tendresse passionnée.

Oh ! qu'il est beau, mon fils ! mobile comme l'onde,
Souriant, agitant ses deux mignonnes mains
Sans cesse, vers les fleurs d'invisibles chemins !.

CHÉNIER

Vous étiez bien heureux !..

SUVÉE

C'était mon épouvante.

CHÉNIER

Oui, dans la paix des bois l'affreux reptile évente
Les rameaux verdoyants où sont posés les nids..

SUVÉE, *avec tristesse... absorbé par le souvenir*

Oh ! mon labeur d'amour aux charmes infinis !

Mais dans ce frais regard d'enfant, dans ce sourire
De la mère, j'ai vu soudain (comment le dire?)
Trop de bonheur ! — Hélas ! le Ciel en fut jaloux !

CHÉNIER

Pauvre père ! le Ciel nous aime mieux que nous !

SUVÉE, *comme s'il n'avait rien entendu, frémissant*

Ah ! je les revois là, déguenillés, sordides,
Criant: « A mort ! A mort ! » — de ses grands yeux can-
Je vois le cher petit, surpris, me regarder,   [dides
Comme pour réfléchir, comme pour demander :
« Ces hommes si méchants, papa, que vont-ils faire? »...
Et j'entends Maria gémir qu'elle préfère
Me suivre à l'échafaud, notre ange dans les bras,
Que de m'abandonner — « Oh ! dis, ne t'en va pas !
« Oh ! je vous en supplie à genoux — pleurait-elle
Aux bandits — le talent caché, l'amour fidèle,
« Est-ce un crime ? A moi seule il a donné sa foi :
« Je suis sa reine unique et mon fils est son roi...
« Laissez-le ! laissez-le ! »... De la suprême étreinte
Sur ma chair, jusqu'à l'âme elle a rivé l'empreinte...
Et de vous l'avoir dit, et dans un tel moment,
J'éprouve au fond du cœur comme un déchirement.

Il reste tristement le front dans ses mains

CHÉNIER

Liberté ! liberté ! criminelle chimère !

Quand ils n'auraient broyé que ce seul cœur de mère
En ton nom, et détruit que ce seul Paradis,
Tout ce que je rêvais par toi, je le maudis !...

SUVÉE

On m'entraînait ; alors, je fus lâche peut-être :
Longuement, d'un regard fixé vers la fenêtre,
Je dis à Maria l'adieu qui doit briser...
Pâle et grave, l'enfant m'envoyait un baiser...

Geste compatissant de Chénier

Ecoutez — Cette nuit, j'ai revu la Madone,
Et dans ses bras le doux Jésus qui s'abandonne,
Comme s'il pressentait l'angoisse de la fin...
Ce n'est qu'un cauchemar — je le sais — mais enfin,
J'allais — Autour de moi, le condamné, la foule
Grondait lugubrement comme un torrent qui roule
De la boue et du sang — Les égouts de Paris
Avaient vomi ce peuple, ivre, poussant des cris
Qui faisaient reculer et se blottir ensemble
Auprès de moi, la mère avec l'enfant — Je tremble
A me ressouvenir de ce double frisson
De leurs lèvres cherchant mes lèvres — Ma raison
Chancelle — Car j'ai vu les marches ruisselantes
De l'échafaud... j'ai vu sur les chairs pantelantes
Des femmes piétinant, chanter le *Ça Ira*,
Et faire une prière à l'ignoble Marat !...
Et nous allions, portés sur ce remous de haine,

Enlacés tous les trois — vrais anneaux d'une chaîne —
Mais, quand il me fallut mourir, broyant mon bras,
Maria me criait : « Oh ! dis, ne t'en va pas !...

CHÉNIER

Horrible !...

SUVÉE

Oh ! que le Ciel ne me soit pas sévère !
A l'heure où je suivrai la route du Calvaire,
Qu'il daigne me laisser seul à porter ma croix !

CHÉNIER, *lui prenant les mains*

Courage, ami.

Pendant ces dernières paroles, il s'est fait déjà un bruit de pas, un cliquetis d'armes. — Voix qui se rapprochent. — Cris confus. — Chants de la « Marseillaise », etc. — Les prisonniers prêtent l'oreille.

SUVÉE

Quel est ce tumulte de voix ? —

CHÉNIER

C'est la meute qui hurle en flairant la curée..
Vous ou moi, tous les deux peut-être...

UNE VOIX, *à l'extérieur*

Holà ! l'entrée
N'appartient qu'au greffier — Arrière, citoyens !

CHÉNIER

Il a rude besogne à maintenir ses chiens !

MÊME VOIX, *plus brutalement*

Arrière donc ! Soldats, croisez la baïonnette !

VOIX D'IVROGNE

A bas les aristos de Marie-Antoinette !

VOIX NOMBREUSES

A mort ! à la lanterne !..

Bruit de cohue qui recule un instant. — Chénier et Suvée ont gardé une attitude triste et méprisante.

CHÉNIER

     Oh ! les sinistres fous !

SUVÉE, *lui prenant les mains*

Adieu ! puisque la mort vient au-devant de nous.

Avec une tristesse profonde

O Maria, le sang va noyer ma paupière,
Et je n'aurai pas même une Croix, une pierre
Où tu viennes pleurer, joignant les frêles mains
De notre petit ange !..

VOIX DU GREFFIER, *à l'extérieur*

     Allons ! Soyons humains !

Un seul ! rien qu'un, Brutus ! dépêche – ouvre la cage !
Les sans-culotte auront l'autre bientôt...

La porte s'ouvre. — Entrent le geôlier et le greffier du tribunal révolutionnaire, escortés de soldats.

CHÉNIER, *étreignant les mains de Suvée*

                        Courage !

SCÈNE III

LE GREFFIER, *lisant*

Ordre de ramener devant le tribunal
Pour avoir outragé le droit national
Par l'affectation suspecte du silence,
Le peintre Henri Suvée.

CHÉNIER, *avec indignation*

                Et voilà leur balance !..

A Suvée, lui montrant le Ciel

Adieu ! mais à bientôt l'au revoir triomphant !

SUVÉE, *jetant son manteau sur ses épaules, étreint la main de Chénier et dit, le front baissé tristement :*

J'ai peur de rencontrer la mère avec l'enfant !

Nouveaux cris de mort qui accueillent Suvée dans le lointain.

SCÈNE IV

CHÉNIER, *seul, avec force*.

Toujours des innocents ! Plus l'abîme en dévore,
Plus la plèbe rugit : Encore ! encore ! encore !
Ah ! vous tous que l'on pleure au seuil d'une maison,
Si j'avais pu, moi seul, payer votre rançon !

SCÈNE V

LE GEOLIER, *ouvrant la porte et poussant Roucher*

Et voici pour tenir la place un bon apôtre !..
Chez nous, l'un déguerpit.. Crac !.. il en vient un autre..

Il referme violemment la porte et s'éloigne en fredonnant.

SCÈNE VI

CHÉNIER -- ROUCHER

CHÉNIER, *se précipitant au devant de Roucher*

Roucher ! le Ciel a donc encor quelque pitié ?

ROUCHER

Oui, puisque je retrouve ici ton amitié...

En jetant son manteau

Ah ! c'est d'un lourd fardeau que l'échafaud délivre !
La nuit ! l'horreur partout ! Quel martyre de vivre !...

Il s'assied.

CHÉNIER

Nous qui gardions l'espoir d'un nouveau siècle d'or !

ROUCHER, *secouant la tête amèrement*

Avant la liberté naissante, Thermidor
Prêtera son soleil splendide à plus de honte !

CHÉNIER

Moi, je suis las de vivre aussi. — Je sens que monte
En mon âme le flux de rage et de rancœur,
A voir la vertu serve et le crime vainqueur !
Grand Dieu ! que de soufflets lui flétrissent la joue
Au peuple souverain ! Arrachés à leur boue
Pour généraux il prend des soldats déserteurs,
Pour juges des bandits et pour législateurs
Des coureurs de tréteaux et de tavernes louches !...
Mais l'hydre règne enfin ! Mille gueules farouches
Hurlent aux carrefours : « Formez vos bataillons !
« Marchez ! qu'un sang impur abreuve vos sillons ! »
Et le peuple obéit, muet comme un esclave...

Le sang ruisselle, il croit que la tache se lave !...
Non ! ce peuple est infâme ! il n'a pas mérité
De boire le baiser de Dieu : la Liberté !...

ROUCHER

Va ! l'histoire dira quand même ce prodige :
Des Français, isolés au milieu du vertige,
La conscience digne et ferme jusqu'au bout,
En face des bourreaux se sont tenus debout !...
Ils auraient pu mentir : l'abjecte hypocrisie,
L'immonde avidité, la peur blême et transie,
En ce temps-là, gagnaient les honneurs, le repos...
Eux, fiers, ils ont voulu mettre à nu jusqu'aux os
Et flageller, avant de rouler vers l'abîme,
Dans sa pourpre de sang sa majesté le crime !
Qu'importe ! ami, l'éclipse au ciel, de la vertu !
Pour elle, tous les deux, nous avons combattu ;
D'autres bientôt, demain, chanteront la victoire
Et des soldats tombés il sera fait mémoire...
Oublions tout cela... Mais, nos vieilles amours,
La Muse et ses transports, y penses-tu toujours ?

CHÉNIER, *tendrement*

Divine poésie, ô blanche fiancée !
Je serais bien puni si je l'avais laissée
Pour suivre la fortune au vol capricieux !
Toi, tu lis dans mon cœur et tu vois dans mes yeux,
Que je l'aimais comme un enfant et que j'adore

Son front qui me sourit mieux qu'un lever d'aurore,
Sa voix chantante ainsi qu'une rumeur du ciel,
Et son gémissement plus confidentiel,
Lorsque je vais mourir, ami, quand sur ma tête
Déjà passe le vent de la grande tempête !...

ROUCHER

Ah ! mes plaisirs sans trouble et mes jeunes émois !
Comme je fus heureux, quand je chantai les « Mois ! »

CHÉNIER

C'est le seul vrai bonheur. —Vois-tu, la part est belle—
De ceux que l'idéal a touchés de son aile,
Et qu'il porte d'un vol, plus haut que l'horizon,
Où les oiseaux ravis négligent leur chanson...

ROUCHER, *continuant la pensée de Chénier*

Où le souffle du rêve, effleurant toutes choses,
Les imprègne de charme en des métamorphoses,
Telles que sur l'Ossa les prodiguaient les dieux...

Avec mélancolie

Illusion perdue ! au chevet des aïeux,
Rester à la nature, en mieux orner le temple ;
Pour se faire bénir, imiter leur exemple ;
Ami du beau soleil, chanter ses douze enfants,
Qui, d'un pas inégal, le suivent triomphants,
Et, de signes divers la tête couronnée,

Monarques tour à tour se partagent l'année ;
En labourant la terre, explorer ses secrets,
Couler des jours sans gloire au milieu des forêts,
Cueillir au bord des eaux la fleur qui vient de naître,
Et, poète des champs, les faire aimer peut-être ;
Ce désir était humble, il en était plus doux,
Devant cacher ma vie aux regards des jaloux.
Et puis — sais-tu — lorsque les gerbes dans ma grange,
Au fond de mes celliers l'odorante vendange
Eussent diminué les soins du lendemain,
Je t'aurais dit : « Ami, souviens-toi du chemin
« Qui mène à mon Tibur ; viens dans ma solitude ;
« Octobre, c'est la paix qui conseille l'étude :
« Timide, j'essaierai le ton virgilien,
« Et toi, doux Théocrite, un rythme éolien ».

CHÉNIER, *avec inspiration*

O mon rêve ! ô mon rêve ! Athènes, ô patrie
Où naquit la beauté ! C'est la terre fleurie
Des cytises tremblants et des larges palmiers
Où musicalement gémissent les ramiers ;
Où, parmi l'aubépine et les buissons de roses,
Avec leur lent fredon de lèvres demi-closes,
Les abeilles, buvant le nectar des vallons,
A l'abri des coteaux recueillent leurs miels blonds ;
Où l'air est un parfum, la brise une harmonie,
Où, comme les échos des harpes d'Ionie,
Prolongeant leur caresse aux rivages d'azur,

Les flots bercent sans fin l'image du ciel pur !
O mon rêve ! ô mon rêve ! ô lumineuse Athènes,
J'avais la vision de tes splendeurs lointaines,
Et dans mon cœur vivait un immense désir
De réveiller ta gloire et de la ressaisir !...
De ton blanc pallium, j'allais toucher la frange,
Et le crime brutal m'engloutit dans sa fange.
O mon rêve ! ô mon rêve !...

ROUCHER

     Il était assez beau
Pour prêter à nos pas son immortel flambeau !

CHÉNIER, *avec le même ton d'inspiration*

La Grèce magnifique ! Elle est la sœur aînée
De la France ! et j'aurais voulu cet hyménée :
Voir notre clair génie exaltant son essor,
Marier la pensée au chant des rythmes d'or ;
Au pays enchanteur où me berça ma mère,
J'aurais voulu puiser les merveilles d'Homère,
La sombre horreur d'Eschyle et les calmes accents
Des pâtres au milieu de leurs agneaux paissants ;
Et l'inspiration de la tendre élégie,
Et l'iambe, ce dard que brandit l'énergie
Contre le mal impie et les vils oppresseurs ;
Et la sève robuste et toutes les douceurs,
Et, dans les bois sacrés le miel qu'entre les branches

Pour le festin des dieux cueillaient les nymphes blan-
J'aurais voulu dompter, ravir cette richesse, [ches ;
Et, la semant par mon pays, crier : « Largesse !
« Largesse à mon pays de France, le plus fier,
« Le plus beau sous le Ciel et toujours le plus cher !
« Prends ces trésors divins, transfigure, féconde,
« France, et par l'idéal sois la Reine du monde !

Subitement railleur et désolé

Pauvre fou ! pauvre fou ! que de stériles cris !
Quelle misère enfin !.. Ami, trois manuscrits !..
L'œuvre va disparaître en sa première ébauche..
Regarde : ma moisson n'est pas mûre, on la fauche ;
Les gerbes pourriront au grenier de l'oubli...
Et c'est triste, si triste, un rêve enseveli !

D'un geste découragé, André Chénier jette ses manuscrits sous les yeux de Roucher. — Bruit de pas et de voix. — Ils écoutent.

COLLOT D'HERBOIS, *à l'extérieur, parlant au geôlier*

Ah ! il est élargi le gâcheur de pastiches !..
Mais tu dois garder là deux faiseurs d'hémistiches,
Royalistes têtus que je voudrais revoir...
Ouvre, Brutus...

Brutus ouvre la porte, il entre avec Collot.

SCÈNE VII

CHÉNIER — ROUCHER — COLLOT D'HERBOIS

COLLOT D'HERBOIS, *se tenant près de la porte, dédaigneux, les bras croisés*

Eh ! bien ! les martyrs du devoir !

CHENIER

Il s'est levé lentement, s'avance vers les nouveau venus en disant d'une voix sourde et pleine d'indignation

Qui donc ose insulter, ici ? Quel être infâme,
Quel monstre que jamais ne nourrit une femme,
Vient cracher son venin sur les sacrifiés ?...

Arrachant la lanterne des mains du geôlier, brusquement il éclaire le visage de Collot et s'écrie :

Ah ! c'est toi, l'histrion vendu ! vous défiez
Ceux dont la liberté pleure dans les entraves,
Vous, les héros du jour, magnanimes et braves !

Il revient s'asseoir près de Roucher, dans une attitude de profond mépris. — Roucher, pendant ce temps, feuillette les manuscrits de Chénier, comme s'il se souciait peu de la présence de Collot — Sur un signe de Collot, le geôlier se retire.

COLLOT, *avec emphase*

Apprends nos nouveaux coups, tu me jugeras mieux :
Le jour est déjà loin où, quittant Châteauvieux....

ROUCHER, *l'interrompant*

Tais-toi. Va t'en tramer ton reste d'épopée,
En buvant dans le bouge hideux de la Râpée...
Tu retrouveras là tes bouchers crapuleux :
Ils ont la soif du sang. — Va trinquer avec eux !..

Il continue à parcourir les manuscrits.

COLLOT, *ricanant avec un dépit mal contenu*

C'est ainsi ! l'on a beau les laisser solitaires :
Toujours rageurs, Chénier, Roucher, — et pamphlé-
[taires !

Avec emphase

Qu'importe ! nous avons écrasé les tyrans !..
Certes, c'est bien le tour aux petits d'être grands !..
Espériez-vous longtemps, le pied sur notre tête,
Idolâtrer Capet qui vous payait la fête,
Et compter pour vos jours de rire les meilleurs,
Ceux où le peuple avait les yeux noyés de pleurs !..
Le peuple a redressé sa taille souveraine,
Et, d'un geste, au néant c'est lui qui vous entraîne !

CHÉNIER, *le persiflant*

Tu déclames, Collot, et tu déclames faux :

Tu te feras siffler au pied des échafauds,
Comme les Lyonnais te sifflaient au théâtre !..

 Collot se précipite, furieux. — Chénier se lève, et l'arrêtant
  gravement :

Ecoute et sois plus digne. Oui, j'aime et j'idolâtre
Louis seize ! Trop bon, s'il dut se repentir,
Pour son peuple, en priant, il est tombé martyr !

 Railleur et détournant la tête

Mais toi, Collot, sauveur de la France ! Ironie
Que je n'attendais pas au seuil de l'agonie !..
Judas, qui n'as jeté le masque de l'acteur,
Que pour lacer celui plus vil du délateur,
Je voudrais en sillons de feu que rien n'efface,
A deux mains buriner mon mépris sur ta face !..

 Il vient se rasseoir près de Roucher.

COLLOT, *furieux et dédaigneux s'asseyant de l'autre côté, en jetant*
  un pistolet sur la table

Là ! tout beau, fanfaron ! sais-tu que s'il me plaît,
Je peux te faire taire à coups de pistolet !..

  CHÉNIER, *froidement*

Bravo ! Collot ! sais-tu que c'est la seule tâche
Qui te convienne à toi ?..

  ROUCHER, *sans le regarder*

     Voix superbe et cœur lâche !

COLLOT, *furieux, frappant du poing sur la table*

Silence aux condamnés ! silence !

CHÉNIER, *se redressant fièrement*

        Ils parleront
Pour clouer le stigmate homicide à ton front..
As-tu rassasié ta vanité féroce,
Collot d'Herbois ? à coups de pique, à coups de crosse,
En as-tu fait sortir de leurs calmes foyers,
Pêle-mêle : bourgeois, nobles et roturiers ?..
Toi, comparse oublié dans l'ombre des coulisses,
Devenu d'un seul coup premier rôle aux supplices.
En as-tu savouré de ces poignants sanglots
D'épouses et de sœurs ?.. et lorsque dans ses flots,
Le Rhône charroyait les cadavres sans tête,
— Rouge jusques aux bords — dis, c'était grande fête
D'entendre, par la nuit, le flux et le reflux
Gémir : « La France meurt ! la Liberté n'est plus !... »

Se calmant peu à peu

Oui, tu fis à Lyon un noble apprentissage ;
Et la marque de sang qui souille ton visage
Te devait signaler aux monstres de Paris...
Et je te foule aux pieds, Collot !.. as-tu compris ?...

COLLOT, *affectant le calme*

Il n'est plus temps, Chénier ! ton orgueil s'exaspère
De ce que nous, petits, forcions dans son repaire

L'atroce tyrannie ! Il faut la museler,
Et c'est bon que le sang continue à couler !...
Innocence ! vertu ! mensonge et bagatelle !

   Ricanant

Tas de Vitellius ! ils veulent qu'on attèle
Le prolétaire au char des rois ! Repus, comblés,
Ils riraient à nous voir broyés comme les blés
Sous le fléau !... Non ! non ! lorsque l'Être Suprême
Créa l'homme, il le fit libre...

     ROUCHER, *l'interrompant*

                 Et sur quel blasphème
Oseras-tu bâtir ton discours insensé ?...
Prends garde au châtiment ! Dieu doit être lassé !

     CHÉNIER, *avec vigueur*

Et si Dieu l'oubliait, il jaillirait de terre
Une voix vengeresse et que ne feraient taire
Ni cruel échafaud, ni canon rugissant ;
Une voix qui crierait : « Plus de sang ! Plus de sang !
« Plus d'infâmes bourreaux ! Levez-vous, jeunes filles,
« Et, de vos blanches mains écartant leurs guenilles,
« Frappez au cœur ! — Ainsi fit Charlotte Corday :
« Marat voulait du sang — elle l'a poignardé ! »

     COLLOT, *cynique*

Bast ! le sort les trahit, vos belles héroïnes !

Ce n'est pas gai de voir se joindre leurs mains fines !
A la procession des vierges de Verdun,
Moi-même un peu tremblant, j'en vis pleurer plus d'un !

   CHÉNIER, *bondissant, hors de lui-même*

Assez ! assez ! va-t-en.
         A Roucher
     Dis-lui donc qu'il se sauve,
Ou je vais l'étrangler comme une bête fauve !...
. . . .
Salir ainsi vertu, sacrifice et beauté !...

   ROUCHER, *qui s'est élancé pour retenir Chénier*

C'est un sans-cœur en qui le vice a tout gâté :
Le peu qui lui restait d'humain est en déroute ;
Laisse aller ce lépreux !...

  *Pendant ce temps, avec un air à la fois ironique et terrifié,
  Collot d'Herbois s'est éloigné lentement, le regard fixé sur
  Chénier. Il frappe à la porte de la prison pour que le geôlier
  ouvre.* — *D'un geste impérieux Chénier l'arrête*

   CHÉNIER, *grave et comme inspiré*

      Collot d'Herbois, écoute :
Qu'elle tombe d'en haut ou se déchaîne en bas,
Toute fureur périt, elle ne dure pas.
Le vent chasse le vent ; et, dans un ciel d'orage,
Le nuage qui crève absorbe le nuage ;
Les flots brisent leur choc sur les flots en courroux,

Et, l'hiver, affamés, les loups mangent les loups.
. . . .
Où sont les Girondins, voix un jour triomphantes,
Vergniaud, Brissot, Ducos ?.. Où sont les sycophantes
Qui, pour régner, les ont frappés en trahison ?
Et ceux qui célébraient la déesse Raison,
Fardant d'un air pieux leurs visages canailles,
Où sont-ils ? Où sont-ils ? De quelles représailles
Hier, avez-vous payé le sublime Danton ?
Ah ! vous avez rendu le peuple si glouton,
Bandits, qu'il lui faudra l'idole au cœur de pierre :
Et vous y viendrez tous, tous après Robespierre ;
Tous, pris de désespoir — honteux lugubrement ;
Tous, jusqu'à ce que passe un long tressaillement
Dans l'air plus pur, avec ce cri de délivrance :
Les assassins sont morts ! vive la libre France !
. . . .
Va méditer cela, misérable, il le faut !
Et puis reviens nous voir monter à l'échafaud !

  COLLOT, *se rapprochant de la porte — d'une voix sombre*

Il faut ? que jusqu'au bout la besogne soit faite.
  A part
Mais j'ai honte et j'ai peur qu'il ne soit bon prophète
  Il frappe à la porte
Ouvre, Brutus.
  La porte s'ouvre, il sort.

    ROUCHER
  Adieu ! le cynisme narquois !

SCÈNE VIII

CHÉNIER — ROUCHER

CHÉNIER

Ah ! si Dieu m'eût permis de vider mon carquois !
Au flanc des scélérats j'aurais, d'une main sûre,
Fait saigner dans l'histoire une vive blessure !..
. . . .
Le temps fuit, l'oubli vient, le jour à peine a lui
Que l'ombre le dévore et tout l'homme avec lui.

A Roucher, gravement

Recueillons-nous, Roucher ; bientôt la dernière heure
Va sonner..

ROUCHER, *rêveur et triste*

Malgré moi, je songe que l'on pleure
A mon foyer d'amour ! Mon plus jeune orphelin
Ne sait pour horizon que les rideaux de lin,
Autour de son berceau balancé par le rêve ;
L'aîné, quand je partis, s'amusait sur la grève !
Pauvres petits enfants ! je vais porter à Dieu

Pour moi leur innocence — hélas ! sans un adieu !
Et leur mère !..
Il baisse le front tristement.

CHÉNIER, *avec compassion*

      Oh ! je plains une vie enlevée
A tant d'êtres chéris ! j'ai vu pleurer Suvée,
Et j'ai conservé là l'effroi de son soupir !..

ROUCHER

Et toi, Chénier, si noble et si jeune mourir !

CHÉNIER, *avec enthousiasme*

Mourir jeune ! mourir, quand les arides landes
N'ont point meurtri les pieds ; lorsque sous leurs guir-
Les roses font pencher la coupe dans la main, [landes,
Et que l'on boit au gai soleil du lendemain !
Mourir, le cœur rempli de ces divines causes :
L'amour du bien, l'amour du beau, plus que les roses,
Plus que le vieux vin pur dans l'âme parfumant,
Et jetant aux sommets leur généreux ferment ;
Mourir ! déjà mourir ! mais fier d'être victime,
Parce qu'il faut du sang versé pour le seul crime
D'avoir voulu plus grand et libre son pays !...
Ah ! vois-tu — ces bourreaux que nous avons haïs,
Je les plains ! ils mourront, pleurant d'ignobles larmes !
Nous, que notre destin a de sublimes charmes !...
C'est du sang des martyrs que naît la liberté,
Et l'échafaud nous hausse à l'immortalité !

ROUCHER, *lui prenant les mains avec admiration*

Ton âme est forte, ami, comme une âme romaine !

Bruit — puis tumulte — encore confus

Entends-tu ?

CHÉNIER

C'est la meute hurlante que ramène
Collot d'Herbois.

Il se promène lentement, rêveur

Adieu, ténébreuse prison,
Où mon rêve quand même a fait sa floraison ;
Où, perçant le rempart de ces murailles nues,
Jusqu'à mon triste cœur tant de voix sont venues :
Voix de pères, d'enfants, de femmes, de vieillards
Qui sanglotaient, priaient !... Que de fois mes regards
Ont fouillé cette porte et cherché quelque fente,
Pour suivre des vaincus la marche triomphante !...
Que de fois, à travers cet étroit soupirail,
J'ai vu — semblant un lys envolé d'un vitrail,
Avec son front pâli dans la souffrance hâtive —
Au pied des murs passer une jeune captive !...
Cachot lugubre, adieu ! Puissions-nous les derniers,
Humbles rêveurs, avoir été tes prisonniers !...

Pendant que Chénier prononce ces adieux, le bruit s'est augmenté, les voix sont plus distinctes.

ROUCHER

Ta main, ami.

CHÉNIER

Dis mieux, Roucher, je suis ton frère.
Il s'approche, et tous deux se tiennent enlacés.

ROUCHER

Près de ton cœur vaillant, je sens mon âme fière.
Tumulte à l'extérieur, soldats, sans-culotte se bousculant.

VOIX DU GREFFIER, *à l'extérieur :*

Arrière, citoyens ! soldats, chargez plus fort !..
Ouvriras-tu, Brutus ?

VOIX D'UN SOLDAT, *dominant le fracas*

                     Brutus est ivre-mort :
Il a laissé franchir une première porte.

VOIX DU GREFFIER

L'animal enragé ! que le diable l'emporte !
Brutalement.
Arrière ! arrière !

VOIX D'UN SANS-CULOTTE

                  Eh non ! non ! jamais ! nous voulons,
Voir, leur lyre à la main, beugler ces Apollons !

UNE VOIX

A moi la bonne place !

AUTRE VOIX

Hep ! à moi la seconde !

UNE AUTRE

Tant pis pour les traînards dans le chemin de ronde !

UNE VOIX

Presse un peu moins, butor !

UNE AUTRE

Aï ! je crève étouffé !

CHÉNIER

Misérables ! voilà le peuple qu'ils ont fait !

ROUCHER

Des sauvages rués aux farouches mystères !

VOIX DU GREFFIER

Je tiens les clefs !

LA FOULE

Ah ! ah !

CHÉNIER, *amèrement*

Un troupeau de panthères !

La porte s'ouvre.

SCÈNE IX

Invasion de soldats et de sans-culotte — des bouchers bras nus et sanglants — des hommes de peine débraillés, l'air féroce, bonnet rouge sur la tête, une loque rouge au bout d'un bâton, etc. — Quelques-uns se ruent sur les prisonniers en rugissant et en leur montrant le poing, etc. — Chénier et Roucher assis, impassibles.

UN SANS-CULOTTE, *loustic... et faisant mine de chercher*

Où diable donc ont-ils fourré leur instrument ?

Éclats de rire grossiers.

LE GREFFIER

Silence !

Le tumulte s'apaise un peu, il lit :

Au nom du peuple et par son jugement,
Sont condamnés à mort, leur vie étant flétrie,
Chénier, Roucher, tous deux traîtres à la patrie.

CRIS DE LA FOULE

A mort !..

LE MÊME SANS-CULOTTE, *loustic*

Et collons-leur au dos deux écriteaux

Disant : « Ça fabriquait des vers aux aristos. »

>Nouveaux éclats de rire.
>Les soldats s'approchent des prisonniers, qui revêtent leur manteau. — Puis, tenant Chénier presque embrassé.

ROUCHER, *d'une voix forte, les yeux levés au Ciel*

Le crime baissera la voix ! Car Dieu dispose !

CHÉNIER, *se frappant le front, d'une voix triste et pleine de regrets*

Et pourtant je sentais là frémir quelque chose !

>On entend s'éloigner la cohue, au chant rugi de la « Marseillaise. »

ALBERT AUGEREAU.

Blois, 14 Avril 1890

BLOIS, IMPRIMERIE E. MOREAU, RUE PIERRE-DE-BLOIS, 14

www.ingramcontent.com/pod-product-compliance
Lightning Source LLC
Chambersburg PA
CBHW060509050426
42451CB00009B/886